# Ishq Ke Maqaam

Ketan Dhingra

BookLeaf Publishing
India | USA | UK

Made with ❤ on the BookLeaf Publishing Platform
www.bookleafpub.in
www.bookleafpub.com

# Dedication

*Chahne walon ko umeed hoti hai ki laut hi aayega,*
*Jaane walon ko wahem hota hai ki bhool hi jayega...*

Yeh kitaab un sab dilon ke naam hai jinhone kabhi sachche ehsaas ko mehsoos kiya hai.
Un logon ke liye jo pyaar mein muskuraaye bhi hain aur khamoshi mein roye bhi.

Unke liye jo kisi ke saath chal kar badle, aur unke liye bhi jo kisi ke jaane ke baad badal gaye.
Yeh un rishton ko tohfa hai jinhone humein thoda behtar insaan banaya – chahe woh hamesha ke liye saath rahe ya sirf yaadon tak simat gaye.

Aur sabse zyada, yeh un logon ke liye hai jo maanta hain ki ishq kamzori nahi hota.
Ishq insaan ko gehra banata hai.
Agar aapne kabhi dil se chaha hai,
Toh iss kitaab mein kahin na kahin aapka hissa zaroor milega.

# Preface

"Ishq Ke Maqam" ek aisi kitaab hai jo ishq ko sirf pyaar ke roop mein nahi, balki ek poore safar ke roop mein dekhti hai.
Ishq 7 maqaam se guzarta hai — dheere dheere, rooh tak utarte hue.

**1. दिलकशी (Aakarshan)**
Har kahani ki shuruaat yahin se hoti hai.
Ek chehra, ek awaaz, ek ada — jo dil ko apni taraf kheench leti hai.
Abhi ishq nahi hota, bas ek halki si kashish hoti hai.

**2. उन्स (Lagaav)**
Yahan se baat gehri hone lagti hai. Aadatein banne lagti hain. Bina baat kiye din adhoora lagta hai.
Dil dheere dheere uss ek insaan ki taraf jhukne lagta hai.

**3. मोहब्बत (Prem)**
Ab ehsaas saaf ho chuka hota hai. Yeh sirf pasand ya aadat nahi — yeh mohabbat hai.
Khushi uski muskurahat se judi hoti hai, aur dard uski khamoshi se.

**4. अकीदत (Vishwas)**

Yahan ishq sirf jazbaat nahi rehta, yakeen ban jaata hai. Aap uss shakhs ko sirf chahte nahi, us par bharosa karte hain. Uski kami mein bhi uski izzat kam nahi hoti.

**5. इबादत (Pooja)**

Ishq yahan roohani ho jaata hai. Aap uski khushi mein apni khushi dhoondhne lagte hain.
Mohabbat ek dua ban jaati hai — bina shart, bina hisaab.

**6. जुनून (Pagalpan)**

Yeh sabse teez aur khatarnak mod hota hai. Ishq hadon ko chhoone lagta hai.
Har cheez usi ke ird-gird ghoomti hai. Kabhi yeh junoon khoobsurat lagta hai, kabhi tod dene wala.

**7. मौत (Prem mein mit jaana)**

Yeh lafzon wali maut nahi, balki ahenkar ki maut hai. Apne aap ka girna, tootna, aur phir ishq mein fana ho jaana.
Kabhi kisi ke liye, kabhi kisi ki yaad mein, aur kabhi khud ko paane ke liye purane khud ka khatam ho jaana.

Is kitaab ki shayariyaan inhi 7 maqaam ke aas-paas ghoomti hain.
Kuch shayariyaan dilkashi ki halki si muskaan hain,
kuch junoon ki bechaini,
Aur kuch maut jaisi khamosh gehraai.

"Ishq Ke Maqam" mein maine Ishq ka jashn bhi manaya hai, aur usi ishq ko katghare mein bhi khada kiya hai..
Samjha bhi hai aur mehsoos bhi kiya hai.

Ho sakta hai aap iss waqt inmein se kisi ek maqam par ho.
Agar aapko apni kahani in panne mein nazar aaye,
toh samajh lijiye – yeh safar sirf mera nahi tha.

*Ishq sabka hota hai,*
*Bas uske maqaam alag-alag hote hain.....*

# Acknowledgements

Har shayari ek lamha hai, aur har lamha ek ehsaas.
“Ishq Ke Maqam” mein maine wahi lamhe ikattha kiye hain jo dil ne mehsoos kiye, aankhon ne dekhe, aur khamoshi ne samjhe.
Yeh kitaab sirf mere jazbaat ka zikr nahi hai.
Yeh un sab ke liye hai jo pyaar karte hain, intezaar karte hain, ya kabhi khud ko ishq mein kho chuke hain.
Aap in shayariyon mein apni kahani, apni yaadein, apne khwabon ke rang dhoondh sakte hain.

Kuch shayariyaan khushi se muskurane ka mauka denge, kuch raat ke 2 baje ki khamoshi mein saath chalenge, aur kuch sirf aapko sochne par majboor karenge.
Isse meri taraf se daawat samjhiye: dil khol kar padhiyega, mehsoos kijiye, aur agar chaahe to khud se bhi ek nayi mulaaqat kijiye.

*Dilkashi se shuru hua tha silsila,*
*Junoon tak aate-aate hum badal gaye.*
*Ishq ke maqaam kya kya dikhaye usne,*
*Hum khud se mile... aur phir khud se nikal gaye...*

# Acknowledgements

# Khwaab

Aajkal mujhe fir koi haseen lag rha,
Mere asmanon ko zaruri tera zameen lag rha hai...!!!

Dekhta hun tujhe ab khwaabon mein,
Isliye har khwaab ab behtareen lag rha hai...!!!

Chahat tujhe chune ki apna banane ki,
Ye chahat har shohrat se yameen lag rha hai...!!!

Tujhe khuda maan ibadat krta hun,
Tere siwa ab zamana mujhe kameen lag rha...!!!

Meri Haqeeqat ban Jaa tu ye khwaab hai,
Aur ye khwaab mujhe Haqeeqat se haseen lag rha hai..!!!

Log kehte hai behad khubsurat hai tu,
Mujhe to husn tera bahut lag rha hai...!!!

Mohabbat tujhse beintehaa hai bas Haan krde tu,
Tere inkaar ka dar mujhe har dar se tareen lag rha
hai...!!!
Main izhaar kardeta hun ishq ka apne,
Mujhe to ye ehsaas-e-mohabbat bhi aziim-tareen lag rha
hai...!!!

# Khwashish

Ek Khwahish hai...!!

Ek Khwahish hai..Tujhse Milne ki,
Teri ankhon me dekhne Ki,
Tere sath ghanto bitane ki,
Tere hath me hath rakh kr ghumne ki,

Ek Khawaish hai..
Teri jhulfe sawarne Ki,
Tere sath jindagi bitane Ki..
Tere gumo or khushiyon me sath rehne ki
Kabhi tujhse dur na Jane ki Tujhe apna kehne ki,
Tere bahon me rehne ki

Ek Khawaish hai..
Meri sari khushiyan tujhe dene ki
Tere sare gum lene ki,
Ek khwaish hai tujhe apna banane ki....

# Ibadat

Woh naseeb kisi aur ka tha, aur pasand hum kar baithe.
Usse jism se khelne wale pasand the,
Aur hum nadaan... uski rooh se mohabbat kar baithe.

Usse chahat chahiye thi pal do pal ki,
Aur hum umar bhar ka saath soch baithe.

Woh dil ko halka samajh kar muskura diya,
Aur hum us muskurahat ko apni duniya maan baithe.

Galti uski nahi thi shayad, bas hum hi gehra soch baithe...

Woh khel samajhta raha ishq ko,
Aur hum ibadat kar baithe....

# Dost

Tum dost nhi kuch aur bhi ho,
Kaise yeh batlaun mei..
Kitni fikar mujhe hai teri,
Kaise yeh dikhlaun mei..

Koi sham nhi aise guzari jisme na tumhe yaad kiya,
Koi dua nahi aisi nikli jisme na tera naam liya,
Mai tanha bhi bhaitha hun toh tera khayal hi chalta hai,
Dekh tumhari tasveeron ko hi mera din dhalta hai..

Tumko bilkul khabar nahi tum meri kya kya lagti ho,
Dil baag baag ho jata hai jab pyaar se mujhko takti ho..
Kabhi ana tum mujhse milne ik dil ki baat btani hai,
Gazalein jo tum par likhi hain vo tumko sunani hai,

Hai kitna ishq mujhe tumse shayad yeh na keh pau mei,
Tum dost nhi kuch aur bhi ho, Kaise yeh batlaun mei...

# Sawal

Agar shuru se shuru karu, Toh iss baar mohabbat ho jaegi kya?
Thumari pasandeeda gaane sunau, Toh tum mera ho paogi kya?
Ek shaam chai par tumhe bulau, Toh gulabo se bara guldasta le aaogi kya?
Laal chudiyan lekar tumhe manau, Toh tum unhe pehenkar itaraogi kya?
Kuch baat kehni hai tumse, Toh thodi der ruk jaaogi kya?

Agar shuru se shuru karu, Toh iss baar mohabbat ho jaegi kya?
Agar shuru se shuru karu, Toh Mujhe apni aadat bna paaogi kya?
Aawaz pasand hai tumhari, Apne pasandida gaane suna paogi kya?
Ek roz dhalta suraj dekhna hai, Char kadam mere sath chal paaogi kya?
Apni hi baton me uljha rehta hu, Kabhi unhe samjhkar suljha paogi kya?

Agar shuru se shuru karu, Mujhe apni aadat bna paogi kya?

Agar shuru se shuru karu, Toh tum ruk jaogi kya?
Aadat nahi mujhe kisi ke sath rehne ki, Tum buri aadatein badal paogi kya?
Gusse me kabhi tumhe chale aane ko bolu, Toh tum chhod kar jaogi kya?
Ruth jaata hu choti baaton par, Tum harr baar mana paogi kya?
Agar tumhari samne rone lagu, Toh jin baaton ka mujhe darr hai usse yaad rakh paogi kya?
Humesha baatein kehte kehte rukk jaata hu, Tum Bina kahi baatein sunn paogi kya?

Agar shuru se shuru karu, Toh mujhe kahaniyon wala pyaar kar paogi kya?
Mujhe ruthana hai tumse... tum manane aaogi kya?
Mein bhagna chahta hu kudhse... Tum muihe dhundhane aaogi kya?
Kuch suljha raha hu mein... Thoda intezar Kar paogi kya?
Agar sambhal na pau kudhko mein... Toh Mera sath nibha dogi kya?

Chalo maano shuru se shuru kar liya, tab bhi humari adhuri kahani puri kar paogi kya?
Ghaav jo dil pe yun lage hai, tum marham lagaake unhe bhar paogi kya?
Agar mein pass aau tumhare, humare daraare mita paogi kya?

Himmat karke apna tuta dil tumhare saamne rakhdu, toh firse ishq karke, mera dil jodd paogi kya?
Iss baar ki mulaaqaat ek navi shuruaat hogi, fir ek baar mujhe alvida keh paogi kya...

# Ilzaam

Uski nigaahon ke samne yeh jaam kya hai
Yun maano ki roshni mei mashaalon ka kaam kya hai,
Samjahlo nashe ki jheelein hain aankhein uski
Usme doobne walon ka anjaam kya hai,
Aur tujhe choo ke aaj khatam ho jaunga mei
Yeh bata meri kabr ka intezaam kya hai,
Aur yun bevajah sazaa diye ja rhe ho mujhe
Ikhtala toh krdo mera ilzaam kya hai
Kal mile mujhse vo raaste pe bichaadne ke baad
Maine pucha kaise ho
Kehni lagi tera naam kya hai....

# Mehfil

Chalo, kyon na ek mehfil sajaai jaaye,
Jitni bichhdi hain, sabki mehbooba bulaai jaaye.
Bas hijr ki baatein mat karna unse,
ab kyon hi kisi ki aurat rulaai jaaye...

Aur sambhal kar, woh dekhegi tum jataate kitna ho,
Phir baat-baat par poochegi, ab kamaate kitna ho.
Phir kahegi, "Akele ho ya koi aaya hai saath mein?"
"Ya ab tak nahi diya yeh haath kisi ke haath mein?"

Phir kahegi, "Yeh wahi jacket hai na, jo maine pehni thi jakad kar?"
Phir dekhna, woh rone lagegi tumhara haath pakad kar.
Toh bach ke rehna, yahi phansata har insaan hai,
Aur chhupa lena woh dil, jis par chaaku ka nishaan hai.
Phir apni baaton se uske zakhm kharoch dena,
Nikaalna apna rumaal aur uske aansu poch dena.

Phir dekhna, woh dhong karegi hasne ka,
Aur yahi pehla nishaan hoga, meri jaan, tere phansne ka.
Phir dheemi awaaz mein pooch lena, "Kaisa tera naya yaar hai?"
"Kuch karta-varta bhi hai ya bas pyaar hai?"

# Yaad

Maine kiya hua pehla message yaad hai,
Thi neend aankhon mein uske bawajood der raat tak
jagne ka yaad hai,

Tujhe paane ke liye khudko khoo diya ye yaad hai,
Aaj bhi tujhe pehli baar dekha woh yaad hai!!

Pehli baar mile woh mulakat yaad hai,
Der ho rhi thi fir bhi tune hath tham rakha tha woh yaad
hai,
Hath me rakhe hue tere hath ka woh ehsaas yaad hai!!

Humari har woh mulakat mujhe yaad hai,
Aakhri baar mile woh ek ek pal abhi bhi mujhe yaad
hai!!
Aaj bhi mujhe apni woh acchi safar yaad hai,
Tune di hui woh anek meethi yaadein bhi yaad hai,
Aaj bhi tujhe pehli baar dekh woh yaad hai...
Tujhe paane ke liye khud ko khoo diya woh yaad hai!!
Bas tu ab mere sath nahi, shayad tujhe thoda bohot to
ma loom hoga,
Par mujhe.... Aaj bhi sab yaad hai!

# Kahani

Na Laila mili Majnu ko
Na majnu Laila ke siwa Laila ko dekh ska,

Na Heer mili Ranjhe ko
Na Ranjha Heer ke ghar dobara ja ska,

Na Sahiba ne kri madad Mirje ki
Na Mirja apni Sahiba ki majburi jaan ska,

Na Sassi mili Pannu ko
Na Pannu aakhiri dfaa Sassi se milne ja ska,

Na Soni mili Mahiwal ko
Na Mahiwal tair ke Soni ko bcha ska,

Ye duniya kahaniya pdhti hai pyar ki
Pr Pyar krne walo ko koi na apna ska,

Ye duniya sunti hai kisse Laila-majnu heer-ranjha
Pr aise pyar ko apnane me koi aage na aa ska,

Sbko kitaabo me hi mohabbat raas aati hai kyuki asal me
to koi biraadri -haisiyat ke paar na ja ska,

Yha hum sbh ki kahani hai ek jaisi
Bss hrr koi puri kahani na suna ska

Mgr kahani ke kirdar ho tum bhi
Tum vo kr skte ho jo tumse pehle wala kirdar na kr ska

# Khat

Dil karta hai ek khat likhun,
Us khat mein ek raat likhun,
Raat mein har woh baat likhun,
Hakikat mei hi aunga tumse milne
Kyun na sagar jaise seher ki ek mulakat likhun
Teri muskurahat, tera mujhse vo gale lagna
Do lafzon mei puri kaynaat likhun
Tu itni zyada prem karne wali premika hai
Uski mohabbat ki ek baat likhun...

# Bhatak

Woh kehte hain ki main bhatak gaya hoon
Abhi toh iraadon ki dehleez talak gaya hoon
Hoon kadwa jaam duniya ke haathon mein
Aadha kho ke kuch logon par chhalak gaya hoon

Hoon talaash aasmani raahon ki
Sadkon pe chalte-chalte thak gaya hoon
Hoon khayal mann marziyaan chalaane ka,
Main naseeb ki aankhon ko khatak gaya hoon.

Hoon fanda angeenat majbooriyon ka,
Main na-umeedi ki gardan pe latak gaya hoon.
Hoon udta tinka ek zid ka,
Main waqt ki palkon par atak gaya hoon.

Yun toh rehta hoon hamesha hosh mein main,
Par mann ki keh doon to kehte hain ke behak gaya hoon....

# Saadhu

Ki sukoon cheekhta, Chintaayein badi use
Sar par hat khuda ka, Phir bhi shikayatein badi use
Har harqat pe haseen sa haadsa hua hai,
Bachpan ka beparwah aaj bigda badshah hua hai,
Khayal khoj mein kinaaro ki kashti pe hai,
Hua haadsa aur hasta kisi ki hasti pe hai..

Maikhaane mein mehboob ki mashaal sa hoon,
Madhosh mausam mein misaal sa hoon..
Sawaal saware jab sawera hua sham ke baad,
Ziddi zabaan tha kal tak aaj shaant jaam ke baad..
Taare toote toh tehzeeb taraash li maine,
Us nazarein mein shaam ko suhaani saans li maine..
Pyaar panchi par Failaay faraar sa hai,
Bewajah barish mein Bheegta bukhaar sa hai..

Koi manzil hun mehboob ki, toh maloom honi chahiye
Woh guzre meri galiyon se, toh Khwabon ke khayalo
mein khoni chahiye..
Mai shuruaat hun tumhari, Ab annt kahan se laoge?
Mai saadhu bhi ban jaunga, Tum sant kaha se laaoge??

# Naya Saal

Khushi bhi guzar gai malal bhi guzar gaya,
Guzarte guzarte ye sal bhi guzar gaya..
Uske lot aane ki dhundli magar umeed to thi,
Guzarte saal sangh vo khayal bhi guzar gaya..

Chaein ki neend to hai raaton ko
Par aankho se khvab guzar gaya,
Din ka suraj to chamakta hai jeevan me
Raaton ka mahtab guzar gaya..

Bahut kuch kahna tha tujhse bahut kuch sunna tha,
Tere kahe shabdon me apna sa matlab chunna tha..
Par vo jigyasa bhi guzar gai, puchne ka kaal bhi guzar gaya,
Guzarte guzarte ye sal bhi guzar gaya..

Main ishk ka saval liye khadaa rha magar
Tere javabon ke aabhav me vah saval hi gujar gya....

# Haq

Agar kisi kitaab mei naam aaya, Tera aur mera sath mei
Toh Khwaab hi khwaab honge, har paane ke baad mei..

Jab palto ge un panno ko, Toh kuch nazare wadiyon ke honge
Kuch zikr purane sathiyo ke honge
Huch haari hui baaziyon ke honge
Kuch bin bulaye mehmaan hamare shadiyon ke honge ..

Par jis tarha tum apna jhumka bhul jaya karti thi
Waise mujhe bhi almari ke kisi kone mei rakh diya kya,
Kaha thi, Kisike sath thi, Khana khaya kya
Yeh puchne ka kisi ko haq diya kya
Khud ko mujhe bhulane ka thoda waqt diya kya
Mujhe bhi almari ke kisi kone mei rakh diya kya...

# Bechaini

Hai intezar ke koi awaaz aaye, udta udta koi saaz aaye.

Hai bada dilchasp wo shakhs aine ke us paar,
Kaash mujhe us sa koi andaaz aaye.

Likha jab kabhi naam apna zameen par,
Toh hawaon ke aitraz aaye.

Na kisi dar pe dastak na kisi dastak pe dar,
Phir bhi nikal kar sab naaraz aaye.

Hai dastakhat in khayalon par kisi gumshuda ka,
In khaton mein ye kaise raaz aaye.

Hai raakh kuchh panno ki aur ek goongi qalam,
Kahan se is kahani par kisi ko naaz aaye.

Dhoondhti phire hai har chehre mein khud ko.
Ye kambakht bechaini na baaz aaye....

# Karz

Aahista chal zindagi, abhi kai karz chukana baaki hai,

Kuch dard mitana baaki hai, kuch farz nibhana baaki hai
Raftaar mein tere chalne se kuchh rooth gaye, kuch chhoot gaye
Roothon ko manana baaki hai, rothon ko hasana baaki hai

Kuch hasraatein abhi adhuri hain, kuch kaam bhi aur zaroori hai
Khwahishein jo ghut gayi is dil mein, unko dafnana baaki hai
Kuch rishte ban kar toot gaye, kuch judte-judte chhoot gaye
Un tootte-chhootte rishton ke zakhmon ko mitana abhi baaki hai

Tu aage chal, main aata hoon, kya chhod ke tujhe jee paunga?
In saanson par haq hai jinka, unko samjhaana Abhi baaki hai,
Aahista chal zindagi, abhi kai karz chukana baaki hai...

# Mat Pucho

Usse hi mohbbat kyu thi ye baat mat puchho,
Naam kya tha uska ye sawal mujhse mat puchho..

Uska zikr hone par khamoshi se diya hai sab ko jawab maine,
Meri kahani ke baare me mujhse mat puchho..

Bade pyaar se nikala gya hai mujhko kisi ke dil se,
Dil andar se tuta hai jakhmo ke baare me mat puchho..

Jisko rakhta tha kabhi khyaalon mein sabse pehle
Tum ese kirdar ke baare me mat puchho..

Use kisi bhi halat me pana tha mujhko,
Meri nakamyabi ke baare me mat puchho..

Aur Mashroof rahta hu uski yaadon me main,
Uski tasveer ke baare me mat puchho..

Usko kho diya hai maine kuch is tarah se
Mujhse uska naam mat puchho....

# Accha Lagta

Mujhe ab nind ki talash nahi, ab raato ko jaagna achha lagta hai,

Mujhe nahi malum ki wo meri, kismat me hai ya nahi,
Magar khuda se use maangna achha lagta hai,

Jane mujhe haq hai ya nai, par uski apni jaan se jyada parvaah karna achha lagta hai,

Usse pyaar karna sahi hai ya nahi, par iss ehsaas ko jeena achha lagta hai,

Kabhi hum saath honge ya nahi, par ye khawaab dekhna achha lagta hai,

Wo mera hai ya nahi, par use apna kehna achha lagta hai,

Dil ko behlaya bahut par manta hi nahi,
Shayad ise bhi uske liye dhadkna achha lagta hai..

# Kasak

Pehli muhabbat yaad rahegi.
Apni jahaalat yaad rahegi.

Tujh se nisbat yaad rahegi.
Apni kismat yaad rahegi.

Jis ki kurbat mil na paayi,
Uski furqat yaad rahegi.

Pehli baar jahaan dekha tha,
Mujhko wo chhat yaad rahegi.

Apna chehra bhool bhi jaaoon,
Teri surat yaad rahegi.

Yaad rahegi, wo mujhe jab tak,
Apni nadaamat yaad rahegi.

Hum ye duniya bhool bhi jaaye,
Tu shat-pratishat yaad rahegi

# Main Kaun

Koi Tumse Pooche Kaun Hoon Main,
Tum Keh Dena Koi Khaas Nahi.
Ek Dost Hai Kaccha Pakka Sa,
Ek Jhoot Hai Aadha Sacha Sa.
Jazbaat Ko Dhuke Ek Purda Bas,
Ek Bahana Hai Acha Sa.
Jeevan Ka Ek Aisa Saathi Hai,
Jo Dur Ho K Bhi Pass Nahi.
Koi Tumse Pooche Kaun Hoon Main,
Tum Keh Dena Koi Khaas Nahi.

Hawa Ka Ek Suhana Jhonkha Hai,
Kabhi Nazuk Toh Kabhi Tufaano Sa.
Shakal Dekh Kar Jo Nazrein Jhuka Le,
Kabhi Apna Toh Kabhi Begaano Sa.
Zindgi Ka Ek Aisa Humsafar,
Jo Samandar Hai,
Par Dil Ko Pyaas Nahi.
Koi Tumse Pooche Kaun Hoon Main,
Tum Keh Dena Koi Khaas Nahi..

Ek Saathi Jo Unkahi Kuch Baatein Keh Jaata Hai,
Yaadon Me Jiska Ek Dhundhla Chehra Reh Jaata Hai.
Yunh Toh Uske Na Hone Ka Kuch Ghum Nahi,

Par Kabhi-Kabhi Aankhon Se Ansu Ban Ke Beh Jata Hai.
Yunh Rehta Toh Mere Tassavur Main Hai,
Par In Aankho Ko Uski Talaash Nahi.
Koi Tumse Pooche Kaun Hoon Main,
Tum Keh Dena Koi Khaas Nahin........

# Tu Bata

Tu bata,
Kis mandir mein main maangu tujhe,
Kaun se dar par sajda karun main
Har raasta teri hi gali ko mude,
Ab aur kahan jaakar theru main
Suna hai woh sunta hai sabki dua,
Par tu hi bata mera khuda hai kahan
Tu mile toh yeh musafir mukammal ho,
Warna sunsaan lagta hai yeh jahaan
Ab tu laute toh main maanun iss khuda mein,
Warna kya rakha hai iss jahaan-e-wafa mein
Mera khuda toh aane se raha meri panaah mein,
Bas veeraan reh jaayegi zindagi teri raah mein....

# Maut

Maut toh aani hai ek din ayegi
Bs darr iss baat ka hai ki vo bichad jayegi
Vo kon hai...
Vo jo zindagi se badh kar hai
Vo jo mere zamane se ladkr hai
Vo jisme guzza thoda mujhse badhkar hai
Vo masoom bache si rehti zara akad kar hai

Vo jaise koi haseen khwaab si,
Vo jaise koi annkahi kitaab si,
Phoolon mei bhi phool gulaab si,
Thodi zyada ni mohabbat behisaab si..

Iss janm mei badi mushkil se mili hai
Maut toh aani hai ek din ayegi
Bs darr iss baat ka hai ki vo bichad jayegi...

# Aakhiri Mulaqat

Ki waqt lag gaya uss din usse manane mei,
Aakhri baar usse ussi jagah bulane mei,

Aayi thi vo par kuch pal ke liye,
Mai dhundta raha koi hasse apni shakal ke liye,

Taaki chupa saku dard apni muskurahat ke piche,
Maine kitne khoye hai log apni iss aadat ke piche,

Meri hasi jo ab gum thi,
Meri toh aadat bhi yaar keval tum thi,

Roshni mei jalta hai koi andhere jaisa,
Aakhir mai kyu nahi ban paya kabhi tere jaisa,

Aaj kayi aarso baad bola hai has kar dil,
Aakhir mai kyu nahi ban paya teri tarah ek pathar dil,

Par kya karu dil se aaj bhi tu mere sath hai,
Mai ye sab baate tujhe isliye keh paya shayad
Humaari yeh aakhiri mulaaqat hai...

# Aana Mat

Tere aur mere beech ki duri salamat rahe
Tere aur mere beech ki nazaqat kayam rahe
Tum ho, mai hun, sard hawa aur garm chai ki piyali ho
Aur hamare bhaithe hue mei vo duri ho
Tumhari julfein toh mehekein, lehre par, meri saans ki hawa se nahi
Tumhara chera toh chamke, khile par, mere noor se nahi
Hawa teri julfein lehraye,
Sooraj tera chera chamkaye,
Meri rooh teri rooh ko awaaz lagaye,
Tum sunana par aana mat,
Tum dekhna par muskarana mat..
Tumhara muskarana mujhe kamzor kar dega,
Iss mayoos se dil mei umeed bhar dega,
Aisa nahi hai ki mai tumhe ab chahta nahi,
Aisa nahi hai ki dil ab ghabraata nahi,
Mai ab bhi hume har dum sochta hoon,
Mai ab bhi tumhari fikar krta hoon,
Par ab tum ana nahi
Kyunki tum ho tumhare na hone ke ehsaas mei,
Tum ho mere dil mei chal rhi har saans mei,
Aur mai ab tumhe jitne bhar ki khushi nahi chahta hun,
Mai tumhe choo kr unchuaa nahi karna chahta hun....

*Ab mujhe firse ishq nahi hota*
*Mohabbat ke iss seher mei me kayar ban gaya hoon*
*Or kuch iss qadar bikhar gaya tha iss kambaqt dil lagi mei dil mera*
*Ki ab bas baat bhi karta hoon*
*Toh log kehte hai ki mai shayar ban gaya hoon........*

www.ingramcontent.com/pod-product-compliance
Lightning Source LLC
Chambersburg PA
CBHW070653240926
51846CB00003BA/893
* 9 7 8 9 3 7 5 2 7 1 4 6 8 *